Learning with Lulu
Chinese Mandarin

Level 2. Ages 6-11

跟鹿鹿学中文

第二册　6 – 11 岁

Helen Wu
EasyMandarinUK®

Introduction

Learning with Lulu – Chinese Mandarin (Level 2)

Learning with Lulu – Chinese Mandarin is designed for children aged 6-11 for complete beginners to learn the foundation of Chinese Mandarin as a foreign language or anyone who would like to improve their Mandarin. Each book consists of a textbook with a CD. There are also flash cards available separately as the supplementary material.

The book features a cartoon character called Lulu, a Chinese girl living in the UK. The sessions are written in themes according to Lulu's daily life with bright illustrations, lively songs, rhymes and games. You will find the book easy to relate to and fun to learn.

The focus of this book:

- Conversation and listening
- Vocabulary and sentence construction
- Chinese character writing
- Phonetic symbols and tones

The themes included in this book:

- Sports
- Music instruments
- Leisure activities
- Books
- Vegetable
- Food
- Home
- Clothes
- Transportations
- Airport check-in

Contents

Lesson 1. Lulu at the Swimming Pool

dì yī kè lù lu zài yóu yǒng chí

第一课. 鹿鹿在游泳池

1. Let's Learn These New Words:

1.	yóu yǒng 游泳 to swim/swimming		**2.**	chí zi 池子 pool
3.	huì 会 can		**4.**	bú huì 不会 can not

2. Can You Name These Sports in Mandarin?

huá bīng
滑冰
ice skating

zú qiú
足球
football

lán qiú
篮球
basketball

wǎng qiú
网球
tennis

pīng pāng qiú
乒乓球
table tennis

yǔ máo qiú
羽毛球
badminton

gǎn lǎn qiú
橄榄球
rugby

bǎn qiú
板球
cricket

gāo ěr fū qiú
高尔夫球
golf

3. Can You Find out Which Sports Your Friend Does?

nǐ huì ma?
你会 ____________ 吗
Can you....

wǒ huì
我 会 __________,
I can...

wǒ bú huì
我 不会 __________
I can't...

4. Let's Learn the Phonetic Symbols:

ie

üe

er

5. Can You Circle the One Being Read by the CD?

jiě jie	bái xuě
nǎ'er	xué xiào

6. Can You Match the Words to Their Sounds?

网球　　足球　　篮球　　橄榄球

wǎng qiú　　zú qiú　　lán qiú　　gǎn lǎn qiú

7. Let's Play a Game:

Instruction: One child acts to play a sports game, other children guess and tell the game in Mandarin.

8. Let's Sing along:

shì shàng zhǐ yǒu mā ma hǎo

世上只有妈妈好

Mummy the Best in the World

shì shàng zhǐ yǒu mā ma hǎo
世上只有妈妈好
Mummy is the best in the world,

yǒu mā de hái zi xiàng gè bǎo
有妈的孩子像个宝.
Children with mums are treasure.

tóu jìn mā ma de huái bào
投进妈妈的怀抱,
In mummy's arms,

xìng fú xiǎng bù liǎo
幸福享不了.
There is so much love.

8. Can You Copy The Characters?

zú 足						
qiú 球						

Lesson 2. Lulu at the Concert

dì èr kè lù lu zài yīn yuè huì shàng

第二课. 鹿鹿在音乐会上

1. Let's Learn These New Words:

1. yīn yuè huì
   音乐会
   concert
2. yīn yuè
   音乐
   music
3. yuè qì
   乐器
   musical instrument
4. nà
   那
   that
5. dān huáng guǎn
   单簧管
   clarinet

2. Do You Know How to Say These Instruments in Mandarin?

gāng qín
钢琴
piano

xiǎo tí qín
小提琴
violin

jí ta
吉他
guitar

dà tí qín
大提琴
cello

shù qín
竖琴
harp

gǔ
鼓
drum

lǎ ba
喇叭
trumpet

dí zi
笛子
flute

3. Let's Learn the Phonetic Symbols:

an

en

in

4. Can You Fill in the Blanks?

yī èr s__n
一 二 三

j__n tiān
今 天

l__n sè
蓝 色

f__n hóng sè
粉 红 色

y_n jing
眼 睛

zài ji_n
再 见

5. Can You Tell the Instruments You Play in Mandarin?

wǒ huì
我 会
I can

tán gāng qín 弹 钢 琴.	(play the piano)
chuī dí zi 吹 笛子.	(play the flute)
lā xiǎo tí qín 拉 小 提 琴.	(play the violin)

Observation: Have you noticed there are different words used in Mandarin for 'play'?

6. Can You Match Them up?

piano	jí ta 吉他
violin	dà tí qín 大提琴
cello	xiǎo tí qín 小提琴
guitar	gāng qín 钢琴

7. Can You Ask What These Fruits are?

zhè shì shén me
这是什么?
What is this?

nà shì shén me
那是什么?
What is that?

8. Can You Tell The Meaning of These Sentences?

zhè shì lǎ ba
这 是 喇 叭。

nà shì dí zi
那 是 笛 子。

8. Let's Sing a Rhyme:

yī èr sān sì wǔ
一二三四五

One Two Three Four Five

yī èr sān sì wǔ
一二三四五,
One two three four five

shàng shān kàn lǎo hǔ
上 山 看 老虎.
Went up to the mountain
to see the tigers,

lǎo hǔ méi kàn dào
老 虎没 看 到,
Didn't see the tigers,

kàn dào xiǎo sōng shǔ
看 到 小 松 鼠.
But the little squirrels.

sōng shǔ yǒu jǐ gè
松 鼠 有几个,
How many squirrels were there,

wǒ lái shǔ yì shǔ
我 来 数一数.
Let me count them.

shǔ lái yòu shǔ qù
数 来又 数 去,
Counted back and forth,

yī èr sān sì wǔ
一二三四五,
One two three four five.

9. Can you copy the characters?

dí 笛						
zi 子						

Lesson 3. Lulu at the Museum

dì sān kè　　lù lu zài bó wù guăn

第三课.　　鹿鹿在博物馆

1. Let's Learn These New Words:

1.	wǒ men 我们 we			2.	nǎ lǐ 哪里 where
3.	zài 在 be in/at	4.	bó wù guǎn 博物馆 museum	5.	kǒng lóng 恐龙 dinosaur

2. Can You Tell These Places in Mandarin?

nǐ zài nǎ lǐ
你在 哪里?
Where are you?

wǒ zài
我在__________________.
I am at

diàn yǐng yuàn	xì yuàn	měi shù guǎn
电影院	戏院	美术馆
cinema	theatre	gallery

3. Let's Learn the Phonetic Symbols:

un

ün

4. Can You Put the Correct Tones according to CD?

hun	tun	dun	lun
yun	jun	qun	xun

5. Can You Draw a Dinosaur and Say Its Name, Colour and Body Parts in Mandarin?

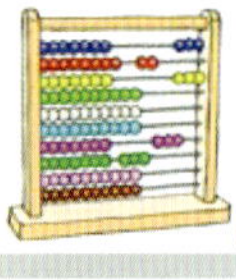

6. Let's Play a Game:

shí tou jiǎn dāo bù
石头，剪刀，布
Rock, Scissors, Cloth
(The Chinese version of Rock, Paper, Scissors)

shí tou 石头 rock	jiǎn dāo 剪刀 scissors	bù 布 cloth

Instruction: Two children make hand postures shown as the above. 'Rock' resists 'scissors', 'scissors' cut 'cloth', 'cloth' wraps up 'rock'.

7. Can You Copy the Characters?

xì 戏						
yuàn 院						

Lesson 4. Lulu at the Library

dì sì kè　　lù lu zài tú shū guǎn

第四课.　鹿鹿在图书馆

1. Let's Learn These New Words:

1.	kě yǐ 可以 may	**2.**	jiè 借 borrow	**3.**	diàn nǎo 电脑 computer
4.	běn 本 measure word for books	**5.**	shū 书 book	**6.**	tú shū guǎn 图书馆 library

2. What Kind of Books Do You Like?

wǒ xǐ huan
我喜欢____________________
I like...

gù shi
故事
story

shī gē
诗歌
poem

gē yáo
歌谣
rhyme

tú huà
图画
picture

dòng huà
动画
cartoon

tiē huà
贴画
sticker

3. Let's Learn the Phonetic Symbols:

ang

eng

ing

ong

4. Can You Read aloud Following the CD?

nāng néng nǐng nòng

bāng bèng bǐng sòng

tāng	téng	tǐng	tòng
láng	lěng	líng	lóng

5. If You Want to Borrow a Guitar from Your Friend, How Would You Ask in Mandarin?

wǒ kě yǐ jiè jí ta ma
我可以借 吉他 吗?
Can (or May) I borrow a guitar?

and the answer?

kě yǐ
可以.
Yes. You can.

or

bù kě yǐ
不可以.
No. You can't.

6. Can You Match them up?

cartoon	shī gē 诗歌
story	shū 书
poem	gù shi 故事
book	dòng huà 动画

7. Let's Sing along:

yí gè mǔ zhǐ dòng yí dòng
一个拇指动一动
A Thumb is Moving about

yí gè mǔ zhǐ dòng yí dòng
一个拇指动一动,
A thumb is moving about,

yí gè mǔ zhǐ dòng yí dòng
一个拇指动一动,
a thumb is moving about,

dà jiā chàng gē dà jiā tiào wǔ zhēn kuài lè
大家唱歌大家跳舞真快乐.
Let us sing and let us dance feeling so happy.

yí gè tóu er dòng yí dòng
一个头儿动一动,
A head is moving about,

yí gè tóu er dòng yí dòng
一个头儿动一动,
a head is moving about,

dà jiā chàng gē dà jiā tiào wǔ zhēn kuài lè
大家唱歌大家跳舞真快乐.
Let us sing and let us dance feeling so happy.

8. Can You Copy the Characters?

tú 图						
huà 画						

Lesson 5. Lulu at the Farm

dì wǔ kè   lù lu zài nóng chǎng

第五课. 鹿鹿在农场

1. Let's Learn These New Words:

1. nóng chǎng 农场 farm
2. shū cài 蔬菜 vegetable
3. cǎi zhāi 采摘 pick/pluck
4. lú sǔn 芦笋 asparagus
5. zhǒng 种 type/specie

2. How to Say These Vegetables in Mandarin?

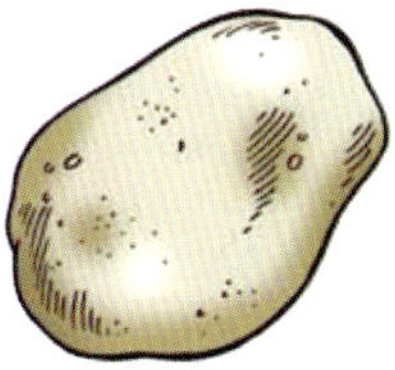

tǔ dòu
土豆
Potato

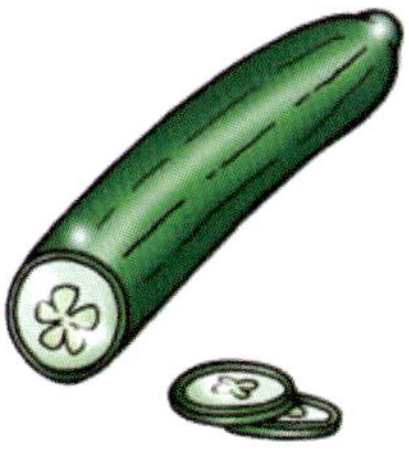

huáng guā
黄瓜
cucumber

hú luó bo
胡萝卜
carrot

wān dòu
豌 豆
pea

cài huā
菜花
cauliflower

xī lán huā
西兰花
broccoli

xī hóng shì
西红柿
tomato

qín cài
芹菜
celery

bō cài
菠菜
spinach

3. Let's Learn the Phonetic Symbols:

zhi chi

shi ri

4. Can You Put the Tones on the Correct Letters according to the CD?

gan zhe chi fan

kai shui ri chu

5. Can You Tell the Same Characters in These Words?

luó bo
萝卜

hú luó bo
胡萝卜

bō cài
菠菜

qín cài
芹菜

wān dòu
豌豆

tǔ dòu
土豆

General meanings:

luó bu
萝卜 - radish;

cài
菜 - vegetable;

dòu
豆 - bean

6. Can You Draw Your Favourite Vegetable and Say according to the Following Sentence Patterns?

wǒ xǐ huan chī
我喜欢吃_____________________________.
I like to eat ...

wǒ yào zhāi
我要摘______________________________.
I would like to pick...

7. Let's Sing along:

yáng wá wa

洋娃娃

Dolly

mèi mei bēi zhe yáng wá wa
妹妹背着洋娃娃,
Little sister carried a dolly,

zǒu dào huā yuán lái kàn huā
走到花园来看花.
Came to a garden watching flowers.

wá wa kū le jiào mā ma
娃娃哭了叫妈妈,
Dolly cried looking for mummy,

shù shàng xiǎo niǎo xiào hā hā
树上小鸟笑哈哈.
Birds laughing on the tree.

8. Can You Copy the Characters?

tǔ 土						
dòu 豆						

Lesson 6. Lulu's School Lunch

dì liù kè　　lù lu de xiào cān

第六课.　鹿鹿的校餐

1. Let's Learn These New Words:

1.	cài 菜 dish/vegetable	2.	dào 道 measure word for dishes
3.	qǐng 请 please	4.	gěi 给 to give

2. Do You Know These Food in Mandarin?

mǐ fàn
米饭
rice

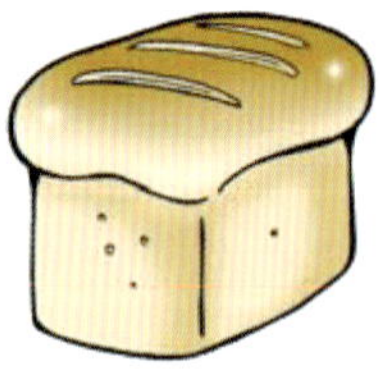

miàn bāo
面包
bread

yì dà lì fěn
意大利粉
spaghetti

hàn bǎo bāo
汉堡包
hamburger

shǔ tiáo
薯条
chips

gā li jī
咖哩鸡
chicken curry

dàn gāo
蛋糕
cake

sān míng zhì
三明治
sandwich

bīng jī líng
冰 激 凌
ice cream

3. Can You Read aloud:

zi　ci　si

4. Can You Tell the Meaning of the Combinations?

zàn jiàn

bō cài

shēng rì

sì suì

5. How to Tell Your Mum You Want a Certain Dish for Dinner Today in Mandarin?

wǒ xiǎng chī
我 想 吃 _____.
I want to have/eat...

When asking for help to get something on the dining table, you say:

qǐng gěi wǒ
请 给 我 __________.
Please pass me...

6. Can You Select the Correct Letters below and Fill in the Gaps?

b sh j k s d i m

hàn bǎo _āo

___ǔ tiáo

_ā li _ī

ān míng zh _àn gāo __iàn bāo

7. Let's Recite a Tang Dynasty Poem:

dēng guàn què lóu

登鹳鹊楼

Climbing the Guan Que Tower

bái rì yī shān jìn
白 日 依 山 尽,
Upon the mountain,
the sun is setting,

huáng hé rù hǎi liú
黄 河 入 海 流.
Into the sea,
the yellow river is flowing.

yù qióng qiān lǐ mù
欲 穷 千 里 目,
In order to gain
the bird's eye view,

gèng shàng yì céng lóu
更 上 一 层 楼.
Up one more level
I am going.

8. Can You Copy the Characters?

miàn 面						
bāo 包						

Lesson 7. Lulu Invites Her Friend Home

dì qī kè　　lù lu qǐng péng yǒu lái zuò kè

第七课.　鹿鹿请朋友来做客

1. Let's Learn These New Words:

1. huān yíng
欢迎
welcome

2. jiā
家
home

3. kè rén
客人
guest

4. kè tīng
客厅
sitting room

5. yāo qǐng
邀请
to invite

2. What are the Other Rooms at Your Home?

wò shì
卧室
bedroom

chú fáng
厨房
kitchen

yù shì
浴室
bathroom

shū fáng
书房
study room

huā yuán
花园
garden

yáng tái
阳台
balcony

cān shì
餐室
dining room

chē kù
车库
garage

chǔ cáng shì
储藏室
storeroom

3. Can You Read aloud?

yi

wu

yu

4. Can You Draw Your Home and Explain It in Mandarin Using "zhè shì... "and "nà shì..."?

5. Can You Welcome Your Friends to the Following Places?

huān yíng lái
欢 迎 来 __________。
Welcome to my school.

huān yíng lái
欢 迎 来 _________。
Welcome to my home .

6. Can You Match Them up?

sitting room

bedroom

bathroom

kitchen

chú fáng
厨房

yù shì
浴室

kè tīng
客厅

wò shì
卧室

7. Let's Sing along:

xiǎo tù zi guāi guāi
小兔子乖乖

Little Rabbits

xiǎo tù zi guāi guāi
小兔子乖乖,
Little rabbits darling,

bǎ mén er kāi kai
把门儿开开.
Please open the door.

kuài diǎn er kāi kai
快点儿开开,
Quickly open the door,

wǒ yào jìn lái
我要进来.
I want to come in.

bù kāi bù kāi wǒ bù kāi
不开, 不开, 我不开.
No, no. I won't open it.

mā ma bù huí lái shéi yě bù néng kāi
妈妈不回来, 谁也不能开.
I won't open to anyone till mummy comes back.

8. Can You Copy the Characters?

wò 卧						
shì 室						

Lesson 8. Lulu Goes on a School Trip

dì bā kè　　lù lu qù jiāo yóu

第八课.　鹿鹿去郊游

1. Let's Learn These New Words:

1.	xiāng xià xiāng jiān 乡下 / 乡间 countryside	2.	duō jiǔ 多久 how long
3.	zhù 住 stay	4.	xiào chē 校车 school bus

2. Do You Know How to Say These Transport Vehicles in Mandarin?

huǒ chē
火车
train

fēi jī
飞机
airplane

chuán
船
boat

lún chuán
轮船
ship

zì xíng chē
自行车
bicycle

kǎ chē
卡车
truck/lorry

huǒ jiàn
火箭
rocket

yǔ zhòu fēi chuán
宇 宙 飞 船
spaceship

3. Can You Pronounce These Combinations?

ye

yue

yuan

4. Can You Ask Mum How Long to Stay at Grandma's House and Fill in the Blanks?

wǒ men zài nǎi nai jiā zhù duō jiǔ
我们 在___ ___家住多久？
How long will we stay in grandma's house?

wǒ men zhù sān tiān
我们 住 ____ 天。
We will be there for three days.

5. Can You Match the Characters up?

lún 轮	chē 车
kǎ 卡	chuán 船
fēi 飞	chē 车
huǒ 火	jī 机

6. Can You Draw Pictures accordingly?

lán sè de fēi jī
蓝色的飞机

hóng sè de qì chē
红色的汽车

lǜ sè de huǒ chē
绿色的火车

huáng sè de chuán
黄色的船

7. Let's Fold an Airplane:

Starting with a piece of A4 paper and follow the steps below.

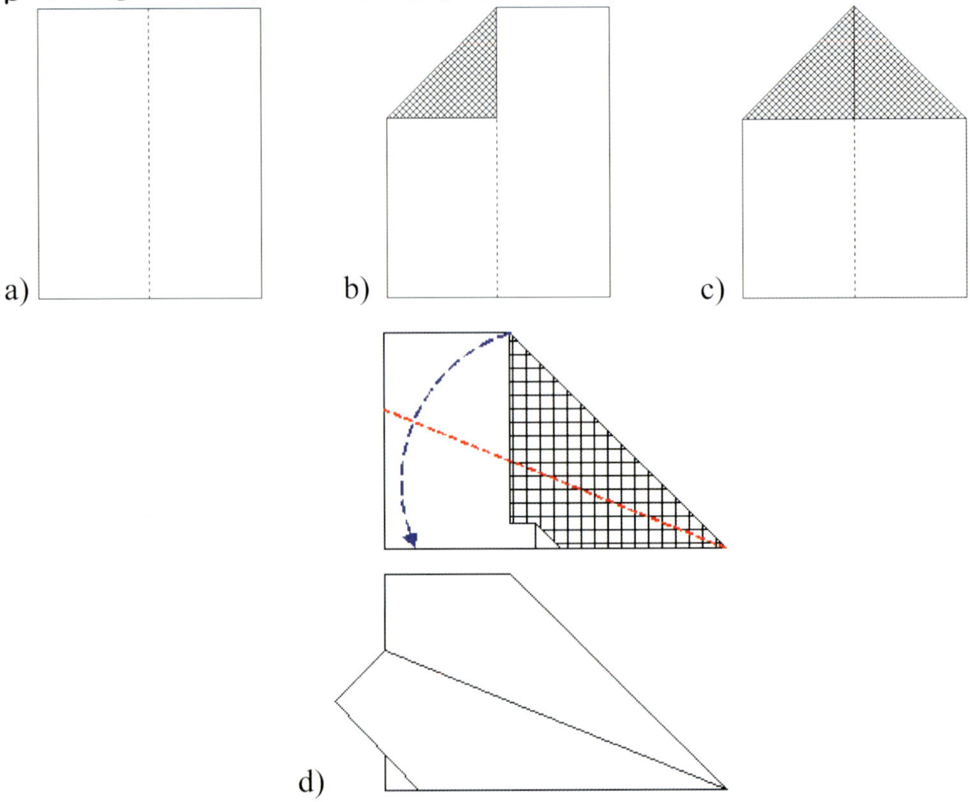

8. Can You Copy the Characters?

Qì 汽						
Chē 车						

Lesson 9. Lulu Preparing for the Sports Day

dì jiǔ kè lù lu wèi yùn dòng huì zuò zhǔn bèi

第九课. 鹿鹿为运动会做准备

1. Let's Learn These New Words:

1. T xù shān
   T恤衫
   T-shirt

2. bāng/bāng zhù
   帮/帮助
   to help/help

3. duǎn kù
   短裤
   shorts

4. yùn dòng huì
   运动会
   sports meet

5. hǎo de
   好的
   OK/alright

2. Do You Know How to Say These Clothes in Mandarin?

chèn shān
衬衫
shirt

qún zi
裙子
skirt

kù zi
裤子
trousers

niú zǎi kù
牛仔裤
jeans

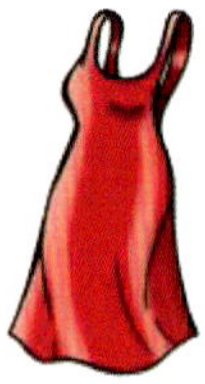

lián yī qún
连衣裙
dress

dà yī
大衣
coat

wài tào
外套
jacket

máo yī
毛衣
jumper

xié zi
鞋子
shoes

3. Can You Read the Following Combinations?

yin

yun

ying

4. Can You Tell the Same Part in These Characters and Write It Down?

衬	
衫	

裙	
裤	

Hint: The left hand side of the characters is a radical meaning clothes.

5. Can You Ask for Help Find Your P.E. Kit by Using This Sentence Pattern?

nǐ néng bāng wǒ zhǎo
你 能 帮 我 找  吗?
Can you help me find ... ma

nǐ néng bāng wǒ zhǎo
你 能 帮 我 找  吗?
Can you help me find ... ma

nǐ néng bāng wǒ zhǎo
你 能 帮 我 找  吗?
Can you help me find ... ma

6. Imagine You are a Fashion Designer:

Instruction: Can you design a set of clothes for yourself in your favourite style and colours and do a self portrait? When finishing, explain it in Mandarin.

7. Let's Sing a Tongue Twister:

yī èr sān sì wǔ liù qī
一二三四五六七
One Two Three Four Five Six Seven

yī èr sān sì wǔ liù qī
一二三四五六七,
One two three four five six seven,

qī liù wǔ sì sān èr yī
七六五四三二一.
Seven six five four three two one.

qī gè ā yí lái zhāi guǒ
七个阿姨来摘果,
Seven aunts come to pick fruits,

qī gè huā lán shǒu zhōng tí
七个花篮手中提.
Seven baskets held in their hands.

qī gè guǒ zi bǎi qī yàng
七个果子摆七样,
Seven fruits laid in seven ways,

píng guǒ táo er shí liu shì zi lǐ zi lì zi lí
苹果桃儿石榴柿子李子栗子梨.
Apples, peaches, pomegranates, sharon fruits, plums, chestnuts and pears.

8. Can You Copy the Characters?

chèn 衬						
shān 衫						

Lesson 10. Lulu Goes on Holiday

dì shí kè　　lù lu qù dù jià

第十课.　鹿鹿去渡假

1. Let's Learn These New Words:

1.	dù jià 渡假 on holiday	2.	jià qī 假期 holiday
3.	jī chǎng 机场 airport	4.	qù 去 to go to

2. Do You Normally Use These at an Airport?

xíng li
行李
luggage

fēi jī piào
飞机票
flight ticket

dēng jī pái
登机牌
boarding card

ān quán jiǎn chá
安全检查
security check

hù zhào
护照
passport

dēng jī kǒu
登机口
boarding gate

3. Can You Guess These Cities according to the CD? (Answers at the Bottom of the Page)

shàng hǎi
上海

____

bā lí
巴黎

____

niǔ yuē
纽约

____

lún dūn
伦敦

____

xiāng gǎng
香港

____

bó lín
柏林

____

Shanghai, Paris, New York, London, Hong Kong, Berlin

4. Can You Tell How You Go to Paris or Hong Kong?

nǐ qù nǎ lǐ
你去哪里？
Where are you going?

wǒ zuò
我 坐  ______ qù 去________________.

wǒ zuò
我 坐  ______ qù 去________________.

5. Role Play:

Imagine you are in Shanghai, Can You check in at the Pudong airport in Mandarin? Let's start with greetings...

6. Let's Sing along:

mò li huā
茉莉花
Jasmine Flower

hǎo yì duǒ měi lì de mò li huā
好一朵美丽的茉莉花,
What a beautiful jasmine flower,

hǎo yì duǒ měi lì de mò li huā
好一朵美丽的茉莉花,
What a beautiful jasmine flower,

fēn fāng měi lì mǎn zhī ya
芬芳美丽满枝丫,
Perfumed blossoms fill the branches,

yòu xiāng yòu bái rén rén kuā
又香又白人人夸,
Fragrant and white for everyone's delight.

ràng wǒ lái jiāng nǐ zhāi xià
让我来将你摘下,
Let me come and pick a blossom,

sòng gěi bié rén jiā
送给别人家,
To give to someone,

mò li huā mò li huā
茉莉花,茉莉花。
Jasmine flower, jasmine flower.

7. Can You Copy the Characters?

xíng 行						
lǐ 李						

Certificate

Congratulations
to ....(Name)

for successfully
completing this book.

Well done!

Age.........................

Date.......................